Natural Born Grillers

This is a **book me!** book.

Haftungsausschluss

Autor, Herausgeber und Verlag übernehmen keinerlei Haftung für Schäden, die durch die Anwendung der in diesem Buch beschriebenen Methoden und Verfahren entstehen könnten. Bitte beachten Sie, dass insbesondere die Handhabung feuergefährlicher Stoffe und Geräte ein Höchstmaß an Vorsicht sowie eine fachmännische Handhabung erfordert. Und auch sonst gilt: Der Verstand grillt mit!

Frank Zünkler

Natural Born Grillers

tadtwerke
ielefeld
H 30 BAR + 2016 +

2100

Inhaltsverzeichnis

Mission Statement

Ein Tag ohne Grillen ist ein verlorener Tag!

Natural Born Grillers
- Wie alles begann -

Angefangen hat alles ganz harmlos im Sommer 1997, als wir uns regelmäßig an wechselnden Orten trafen, um gemeinsam Würstchen zu garen – und dabei auf den Geschmack kamen, das fortan mindestens einmal wöchentlich zu tun.

Als die Wintermonate nahten, grillten wir einfach weiter – in der freien Natur, versteht sich, wie sich das für geborene Griller eben gehört. Dabei stellte sich überraschenderweise heraus, dass uns an lauschigen Abenden bei Temperaturen weit unter dem Gefrierpunkt das Grillgut grad am Besten gelang.

Wer so viel Zeit und Mühe darauf verwendet, sein Hobby zu professionalisieren, der bleibt nicht lange unbeachtet. Und so fanden unsere Aktivitäten schon bald nicht nur das Gefallen und den Zuspruch zahlreicher Gastgriller, auch die Medien wurden zunehmend auf uns aufmerksam. Der WDR rückte gar mit einem eigenen Ü-Wagen an und sorgte damit für das erste live übertragene Grillen unserer Vereinsgeschichte.

Das stetig wachsende Interesse beflügelte, oder besser: befeuerte auch unsere Grillfantasien, weshalb wir unsere Palette an Grillspezialitäten konsequent weiter ausbauten. Mit einer gegrillten Schwarzwälder Kirschtorte zum Beispiel errangen wir bei den Deutschen Grillmeisterschaften die Silberne Grillgabel.

Diese und andere Leckereien, das gesammelte Wissen und die geballte Erfahrung aus über zehn Jahren Grillpraxis finden Sie in diesem schönen Büchlein versammelt. Also: Ran an die Grillroste!

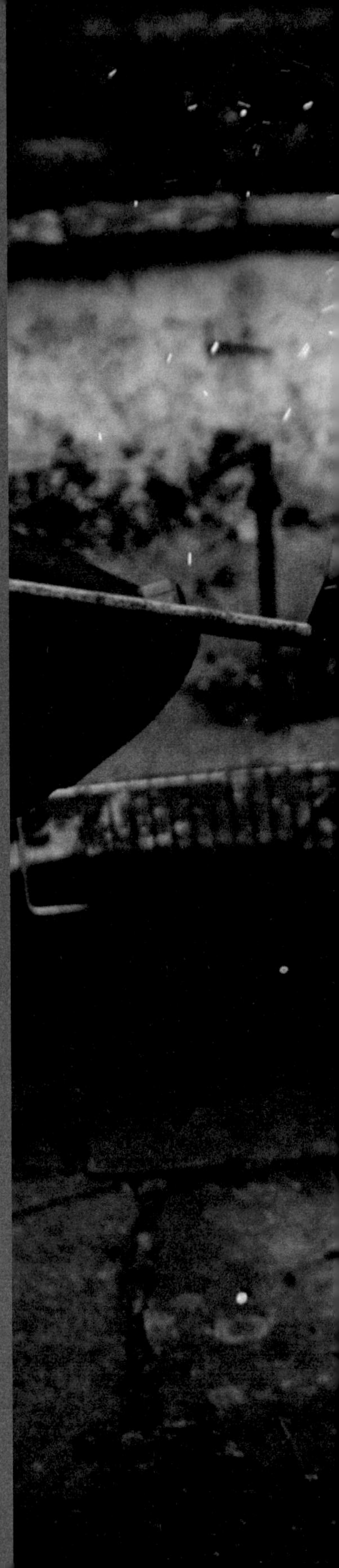

Und das sind wir

Frank: Obwohl eigentlich nie von großem Hunger getrieben, gilt ihm das Grillen als die höchste Form der Zubereitung von Fleisch- und Wurstwaren. Mit Grimm schaut er auf Gas- und Elektro-Griller und fragt sich, wie man sich nur so hängen lassen kann. Daher ist es ihm ein hehres Anliegen, allen Freunden des guten Geschmacks einen Einblick in die Welt des guten Grillens zu ermöglichen, damit die Grillkultur nicht untergeht in Dilettantismus. Amen.

Dirk: genannt »der Papst«, ist Grillmeister der ersten Stunde und einer der konsequentesten Verfechter des Grillens im europäischen Raum. Bereits von seinem ersten Taschengeld kaufte er sich einen stattlichen Grill, den er fortan selbst betrieb. Da war es bis zur Gründung eines eigenen Vereins – der Natural Born Grillers – nur noch ein kleiner Schritt.

Bernd: wurde schon als Kind durch die Barbecueveranstaltungen seiner Eltern angefixt. Das Grillfleisch, das bei diesen Anlässen verabreicht wurde, stammte aus eigener Schlachtung und war deshalb stets von hervorragender Qualität. Grillabstinenz kommt für ihn nicht in Frage.

Die Ausrüstung

Wer richtig gut grillen möchte, benötigt was? Natürlich eine richtig gute Ausrüstung! Das A und O des guten Grillens ist deshalb: der Grill.

Wer hier spart, hat schon verloren. Ein gestandener Dauergriller erwirbt seinen Grill natürlich im Fachmarkt. Die Branche hält eine Vielzahl von Holzkohle-Grillgeräten vor, die sich in Form und Größe unterscheiden, eines aber gemeinsam haben: Sie sind aus Edelstahl. Dieses Material ist bei zweckgebundenem Gebrauch und korrekter Pflege praktisch unverwüstlich. Außerdem sieht der Grill, wie der Name schon sagt, auch edel aus.

Moderne Produkte besitzen Pfannen zum Fettauffangen oder Deckel zum Weiß-der-Teufel-was. Alles Quatsch! Ein ordentlicher Edelstahlgrill steht auf einem Fuß oder stabilen Gestell, die Glutfläche ist durchgehend von unten belüftet und die Roste mehrfach höhenverstellbar.

Für einen Grill mittlerer Größe muss man allerdings deutlich über hundert Euro auf den Tisch legen. Wer meint, dass das teuer sei, möge sich folgendes Rechenbeispiel vor Augen führen:

Ein Einweggrill kostet an der Tankstelle um die fünf Euro. Ein ordentlicher Griller grillt einmal die Woche. Hochgerechnet auf fünf Jahre (für einen Edelstahlgrill kein Alter) kommt man also auf gut 260 Grillungen. Diese Zahl multipliziert mit dem Faktor 5 für den Einweggrill ergibt das stattliche Sümmchen von 1.300 Euro. Na, was ist nun günstiger?

Kleine Randbemerkung zu zwei Dingen, die eigentlich nicht der Rede wert sein sollten: so genannte Gas- und Elektrogrills. Zwar führen beide das Wort »Grill« im Namen, haben mit »grillen« an sich aber herzlich wenig zu tun. Der Gasgrill ist der Wohnungswärmetechnik entliehen, der Elektrogrill die verspielte Form der Waschmaschinenheizspirale. Mehr ist dazu nicht zu sagen.

Die Holzkohle

In der Regel ist der Hunger groß, der Abend lang und manche Gäste haben Sitzfleisch wie die großen, grauen Tiere mit dem langen Rüssel. Also sollte der Grill natürlich auch entsprechend lange glühen. Hier bieten sich Holzkohlebriketts an, da sie eine deutlich höhere Glühkapazität haben als gewöhnliche Holzkohle.

Aber das ist nur ein Vorteil. Lose, ungepresste Kohle bereitet schon beim Befüllen des Grills erhebliche Probleme. Mal abgesehen von halben Baumstämmen, die man erst noch mechanisch zerkleinern muss, birgt die Tüte zudem hochgefährlichen Feinstaub. Kaum zu umgehen ist die Einnebelung des Befüllers beim Befüllen. Eben noch im blütenweißen Hemd, präsentiert sich der Arme prompt als Schornsteinfeger. Von der Feinstaublunge ganz zu schweigen.

Der Anzünder

Das Motto lautet: Brennen muss er – egal wie! Um das Grillfeuer zu entfachen, ist alles erlaubt. Hervorragende Ergebnisse in rekordverdächtiger Zeit bei maximaler Geschmacksneutralität erzielt man mit einem Gasbrenner. Qualitativ hochwertige Geräte gibt es im Dachdeckerbedarfsfachmarkt. Wem das zu teuer ist, der kann sich sicher auch gegen eine kleine Gebühr bei einer Straßenbaufirma einmieten.

Richtig in Schwung kommt der Grill, wenn man simultan mit einem Laubsauger nachhilft. Wichtig: Das Gerät auf »blasen« stellen, nicht auf »saugen«! Musste man vorher gut eine Stunde warten, bis die Kohle richtig durchgeglüht war, reichen hier läppische 35 Sekunden. Allein die Zeitersparnis holt die Investition also locker wieder rein.

Spätestens jetzt zeigt sich in puncto »Formstabilität bei leicht übertriebener Befeuerung« auch, was ein hochwertiger Edelstahlgrill ist und was nicht.

Für den weniger Geübten tut es zur Not auch ein handelsüblicher Grillanzünder.

SBH 2100
tadtwerk
ielefeld

Das Grillbesteck

Wie beim Grill setzt der erfahrene Griller auch hier auf das Material Edelstahl. Es ist langlebig, problemlos zu reinigen und auch bei leicht übertriebener Befeuerung noch angenehm formstabil.

Der Grillgreifer

Er kommt bei der Bratwurst oder beim Wenden von Spießchen zum Einsatz und eignet sich auch hervorragend zum Flirten: Ein kleiner Kniff hier und ein kleiner Zwicker dort heizen die Stimmung am Grill erst richtig an. Aber Vorsicht: Die Temperatur des Greifers bitte vorher an der eigenen Oberlippe testen, damit man der Angebeteten nicht die Nylons versengt.

Der Grillheber

Produkte aus Hack wie etwa die Frikadelle werden mit dem Grillgreifer schnell deformiert, besonders wenn der Griller von großem Hunger, Aufforderung zur Eile oder Wut getrieben wird. Nicht so mit dem Grillheber.

Dessen Oberseite dient dazu, unter das Fleischbällchen zu fahren, es anzuheben und mit einem sanften Schwung aus dem Handgelenk um 180 Grad zu drehen.

Die Unterseite nützt einem eher sekundären Grillzweck: Mit ihr lassen sich Insekten und kleinere Nager erlegen oder Respekt auf den billigeren Plätzen verschaffen, wenn der Alkohol die Hierarchien am Grill zu verschieben droht.

Der Grillhaken

Eine ebenso einfache wie besondere Konstruktion, die leider selbst im gut sortierten Fachhandel noch Mangelware ist.

Aber selbst ist der Griller! Zumal die Konstruktion denkbar einfach ist: Eine ungefähr 35 cm lange und 5 mm dicke Edelstahlstange wird auf der einen Seite mit einem Holzgriff versehen. Am anderen Ende werden ca. 5 cm der Stange im rechten Winkel gebogen. Die Spitze wird äußerst scharf geschliffen. Zuletzt muss dieses Stück zu einem Halbbogen geformt werden, sodass man einen Haken erhält – den **Grillhaken**.

Der Grillhaken findet bei allen Fleischlappen Verwendung. Man sticht damit in das Grillgut und dreht ihn anschließend leicht um die Längsachse. Das Fleisch wendet sich dabei quasi von selbst.

Grillgreifern kann das Fleisch beim Wenden entgleiten, Grillheber entfernen beim Unterfahren die Marinade. Sicherer ist aufgespießt. Nachdem das Steak so geschwenkt worden ist, wird der Haken durch eine leichte Drehung in die Gegenrichtung wieder entfernt.

Derart ausgestattet kann sich der Griller gefahrlos jedem Grillgut stellen.

Die Platzwahl

Der Grill sollte stets geschützt stehen. Eine Einladung wird ja in der Regel bereits Tage im Voraus ausgesprochen und man möchte schließlich nicht in allerletzter Minute einen Rückzieher machen, nur weil es angeblich zu windig ist. Ein kleiner Unterstand (Dachtraufe oder Pavillon) behütet den Grill vor Feuchtigkeit von oben. Zugige Ecken sind möglichst zu meiden.

Die Gäste mögen einen gewissen Komfort. Aber: Ein Übermaß an Komfort ist dem guten Grillen schnell abträglich. Das Grillen muss seinen wilden, natürlichen Charakter behalten! Der Schutz der Gäste vor schlechter Witterung darf also nicht im Vordergrund stehen. Beengte Verhältnisse, etwa in geschlossenen Räumen, töten jegliche Grilllust.

Ein bisschen geschützt darf es natürlich sein. Widriger Witterung gilt es, durch angemessene Kleidung, vorausschauende Platzwahl und ein Quäntchen Härte und Durchhaltevermögen zu trotzen. Alles andere empfindet der Natural Born Griller als Verstoß gegen die artgerechte und naturgegebene Grillhaltung.

Nachfolgend eine kleine Auswahl geeigneter Grillplätze …

Grillplatz
bitte sauber halten
Naturschutz-und Grünflächenamt
Kreuzberg

Der Balkon

Vorteil:

Ein häufig frequentierter Ort – man kennt sich dort aus. Die Bierchen sind sicher und kühl in der Küche deponiert und auch nach dem zehnten noch leicht wiederzufinden. Balkone befinden sich in der Regel von der Straße aus in unerreichbarer Höhe, unliebsame Gäste unten können daher einfach ignoriert werden.

Problem:

Ab einer gewissen Anzahl Gäste kann ein Platzproblem auftreten. Die Schwere eines möglichen Unfalls steigt des Weiteren proportional mit der Zahl der Geschosse – menschliche Kanonenkugeln ab einer gewissen Promillegrenze ebenfalls nicht zu vergessen.

Lösung:

Nicht zu viele Gäste einladen und ein Fangnetz aufspannen.

Frisches Faßbier
Detmolder
Landbier

Der Carport

Vorteil:

In der Regel deutlich größer als ein Balkon. Man kann dort auch gefahrlos Besucher bewirten. Strom und Licht sind bei besseren Unterstellplätzen serienmäßig inbegriffen. Carports sind häufig auch seitlich begrünt und bieten somit ausreichend Privatsphäre beim Wasserlassen.

Problem:

Naturgemäß liegt diese Örtlichkeit immer zur Straße hin. Das bedeutet leider auch, dass plötzlich auftauchende Mitesser eingeplant werden müssen.

Lösung:

Sichtschutz aufstellen und Fangeisen auslegen.

Die Gartenterrasse

Vorteil:

Geschützte Ecken versprechen hohen Grillkomfort. Schnell ist ein komplettes Grillensemble errichtet und der Garten mittels Stereoanlage aus dem Wohnzimmer heraus beschallt. **Haustiere und Nachbarn sind gegebenenfalls langsam an den Schallpegel zu gewöhnen.**

Problem:

Durch die erfahrungsgemäß im Laufe des Abends zunehmende Frequentierung der Toilette besteht die Gefahr, dass die Gäste den Garten an ihren Füßen mit ins Haus tragen und dadurch innen wie außen zwangsläufig beträchtliche Verwüstungen verursachen.

Lösung:

Man lege die ganze Hütte mit billiger Raufasertapete aus. Auch kleinere Unfälle durch Magenübersäuerung stellen dann kein Problem mehr dar. Abends am besten noch alles zusammenknüllen und im Garten verbrennen. Bei feuchtem Wetter mit Benzin nachhelfen.

Die Unterführung

Vorteil:

Beleuchtung und Entsorgung übernimmt die Gemeinde. Die Lieder aus dem eigens mitgebrachten Ghettoblaster erschallen in nie gekanntem Hall. Auch spontan dargebrachte Gesangseinlagen gewinnen zusätzlich an Reiz. Für gesellige und kontaktfreudige Griller der ideale Platz. Und man hat endlich wieder mal die Gelegenheit, die Ordnungshüter kennen zu lernen.

Problem:

Die Ordnungshüter.

Lösung:

Im Kostümverleih ein Ordnungshüterkostüm borgen und die Kollegen auf eine Wurst einladen.

Die offene Landschaft (nur für Profis)

Vorteil:

Näher kann man der Natur nicht sein (zur Jagdsaison hin Waldränder meiden!). Blühende Landschaften, glühender Grill, kein Platzproblem – davon träumt der Griller!

Problem:

Alles, selbst der allerletzte Zahnstocher muss herangekarrt werden. Als noch weitaus größere Herausforderung gestaltet sich nach schwerem Gelage mitunter der Heimweg.

Lösung:

Der Komfort steigt proportional mit der Zahl der Teilnehmer. Das Equipment wird kollegial auf mehrere Schultern verteilt, das sehr frische Grillgut kann vor sich hergetrieben oder besser noch mit dem Equipment gesattelt werden. Nach einigen durchgegrillten Tagen wird man dann wieder von der Familie nach Hause geholt. Oder auch nicht.

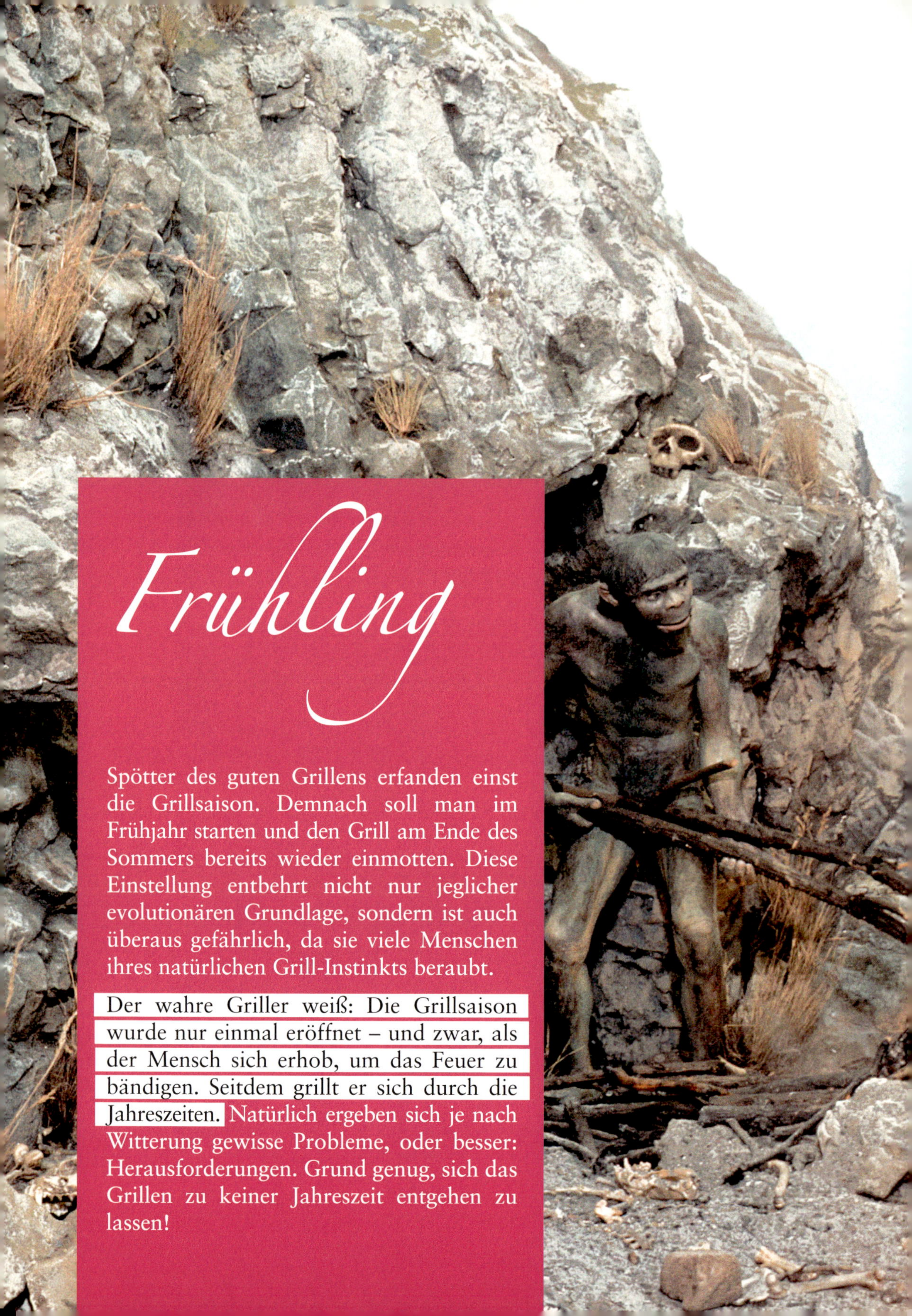

Frühling

Spötter des guten Grillens erfanden einst die Grillsaison. Demnach soll man im Frühjahr starten und den Grill am Ende des Sommers bereits wieder einmotten. Diese Einstellung entbehrt nicht nur jeglicher evolutionären Grundlage, sondern ist auch überaus gefährlich, da sie viele Menschen ihres natürlichen Grill-Instinkts beraubt.

Der wahre Griller weiß: Die Grillsaison wurde nur einmal eröffnet – und zwar, als der Mensch sich erhob, um das Feuer zu bändigen. Seitdem grillt er sich durch die Jahreszeiten. Natürlich ergeben sich je nach Witterung gewisse Probleme, oder besser: Herausforderungen. Grund genug, sich das Grillen zu keiner Jahreszeit entgehen zu lassen!

Grillen - all seasons!

Sommer

Im Sommer kämpft der Griller mit der Wärme. Temperaturen im zweistelligen Bereich sind selbst in Mitteleuropa – auch wenn man es manchmal kaum glauben mag – keine Seltenheit. Der Klimawandel tut ein Übriges.

Allerlei Flug- und Krabbelgetier erschwert nun das hygienische Ausleben glühender Leidenschaft. Händeringend müht sich der Griller folglich, unliebsame von geladenen Gästen zu trennen. Flüssige Genussmittel müssen einer ständigen Kühlung unterzogen werden. Und wenn der Griller den Grillort nicht nächtens noch von Unrat befreit, geben sich längst vertrieben geglaubte Kreaturen dort ein fröhliches Stelldichein. Wer kein Grzimek ist, sollte also besser vorbeugen!

Im Sommer ist Organisation das oberste Gebot. Was nicht den vorschnellen Gang alles Irdischen nehmen soll, muss gekühlt werden, und zwar permanent. Ausgeschenkte Getränke sollten zügig geleert und gereichtes Grillgut sowie mayonnaiselastige Salate schnell ihren Verzehrer finden.

Grillen im Sommer ist ein logistisches Großprojekt, für den geübten Griller aber durchaus zu stemmen. Also keine Angst! Mit etwas Leidenschaft und Fachkenntnis kann auch im Sommer gut gegrillt werden.

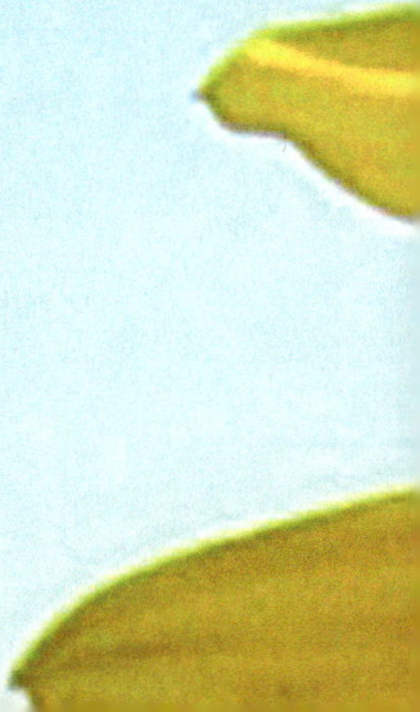

Herbst

Im Herbst steigt das Bedürfnis nach Grillkomfort. Besonders in ländlichen Gegenden erschallt dazu wieder glockenklar die individuelle Musikauswahl aus der Stereoanlage ohne störende Nebengeräusche von Unke, Nachtigall und kreischend notlandender Großtrappe. Salate blühen nicht mehr auf, sondern bleiben, wie sie sind. Schwarze Punkte auf dem Grillgut sind schwarze Punkte auf dem Grillgut und keine eingeäscherten Fliegen.

Kurzum: Das Grillen wird appetitlicher. Der Griller hüllt sich in die neue Herbstkollektion und genießt die Gaben von der Roste. Und um ihn herum neigt sich die Natur in stiller Demut. Um sich den beginnenden Verfall der Mutter Grün auch olfaktorisch zu vergegenwärtigen, empfiehlt es sich, die übrig gebliebenen Knochenreste mit der Restglut zu vermengen und den Rauchschwaden nachzusinnen. Ja, im Herbst ist gut grillen!

Winter

Der Winter erfordert ein Umdenken. Alles Grillgut muss nun gewärmt werden. Das rohe Fleisch darf auf dem Tablett nicht festfrieren, das Bier nicht den Aggregatzustand wechseln. Auch bei der Kleiderwahl sollte man nicht allzu leger sein. Anfängern sei empfohlen, sich langsam durch den Herbst an den Winter heranzugrillen. Nur mit Übung und in kleinen Schritten ist ein feudales Wintergrillen souverän zu meistern. Allgemein aber gilt: Der Winter schleift den guten Griller!

Was früher – also sehr viel früher – alltäglich war, wird heute bestenfalls noch mitleidig belächelt. Die Rede ist vom Zubereiten der Speisen unter freiem Himmel zu einer Jahreszeit, die man sonst eher für den Skiurlaub nutzt. Sicherlich gibt es gute Gründe, Gerichte, die einem in der warmen Küche besser gelingen, auch dort herzustellen. Blätterteigpastete zum Beispiel. Dieses Feingebäck krümelt aber nicht nur, es macht auch nicht richtig satt. Und also darbend hält man es nicht lange im Kalten aus.

Lektion Nr. 1:
Die richtige Platzwahl

Für ein gelungenes Wintergrillen geradezu unabdingbar ist die richtige Platzwahl.

Durch die kalte Luft ist die Lunge sehr sensibel. Es ist unbedingt darauf zu achten, dass man nicht den ganzen Abend in der Grillabluft verbringt, obwohl es dort am wärmsten ist. Weiche Gemüter, die jene Stelle besonders gerne aufsuchen, machen schon nach kürzester Zeit jedem Asthmatiker ernsthafte Konkurrenz.

Hinsichtlich des Stellplatzes ist somit für eine gute Belüftung zu sorgen. Diese sollte aber nicht so gut sein, daß plötzlich auftretende Schneeverwehungen dem Tun ein vorzeitiges Ende setzen.

Gut gewählt ist der Platz, wenn man ihm das Prädikat »Geschützt und dennoch frisch« erteilen kann. Ist nun solch eine Örtlichkeit gefunden, begibt sich der Gastgeber an den Aufbau des Grillensembles ...

Wintergrillen spezial

Lektion Nr. 2: Das Grillensemble

Gestühl, Tisch und natürlich erst recht der Grill bedürfen keiner besonderen wärmenden Auflagen. Solcherlei Kapriolen irritieren nur den Gast. Allerdings kann man den ganz zarten Damen ein wenig entgegenkommen, indem man Styroporplatten von der Größe eines DIN A4-Blattes und einer Stärke von etwa 3–4 cm vorrätig hält.

Diese blocken, unter die Schuhe oder aber das grazile Gesäß gelegt, zu fast einhundert Prozent die aufsteigende Kühle und fallen durch ihre schneeweiße Färbung auch kaum auf.

Aber: Nur auf den besonders eindringlich vorgetragenen Wunsch aller Anwesenden hin kann der Grillmeister in Sonderfällen hinsichtlich des Komforts und der Wärmedämmung eine Ausnahme in Erwägung ziehen. Beschäftigt sich die Gesellschaft nämlich allzu sehr mit der Abwehr des Frostes, gerät der eigentliche Grund der Zusammenkunft schnell ins Abseits.

Deshalb grillt sich der umsichtige Wintergrill-Debütant langsam an den Winter heran, um den auftretenden Veränderungen gegenüber dem Sommergrillen in kleinen Schritten mit den notwendigen Vorkehrungen zu begegnen.

Er wird zum Beispiel sehr schnell merken, dass das edle Porzellan aus wärmeren Zeiten im Winter zwar immer noch edel daherkommt, das Grillgut aber rasch an Temperatur verliert, da der Werkstoff ein idealer Wärmeleiter ist.

Lektion Nr. 3: Die richtige Kleiderwahl

Zu einer gewissenhaften Vorbereitung gehört ferner die Wahl der richtigen Kleidung. Tests mit Motorradbekleidung haben ergeben, dass sich diese zwar hervorragend zum Führen eines Motorrades eignet, beim Wintergrillen aber wie ein Kältespeicher wirkt. Lederbekleidung am Grill hat nur den einen entscheidenden Vorteil, dass sie deutlich schlechter brennt und sich besser abwaschen lässt, falls doch einmal ein Malheurchen passiert.

Wesentlich besser fühlt sich der Griller in einem mehrschichtigen Stoff-Outfit. Für den Kopf wählt der Fachmann großvolumige Pudelmützen in Signalfarbe, da man so deutlich schneller wieder aufgefunden wird, falls man sich doch einmal im Garten verlaufen sollte. Außerdem halten die Dinger verdammt warm.

Auch der Fuß will gut vorbereitet sein. Die Wahl des Schuhwerks folgt der Überlegung, dass die Kälte für gewöhnlich am Körper hochkriecht. Der Sohle sollte somit die größte Beachtung geschenkt werden. Je dicker, desto besser. Plateaustiefel sind das Non-plus-ultra, zumal der Stiefelschaft das empfindliche Knie gegen Kälte schützt. Außerdem treten sie mit der großvolumigen, signalfarbenen Pudelmütze humorvoll in Wechselwirkung.

Fehlt noch der Abschluss am Hals. Der Schal sollte auf jeden Fall eines sein: saugfähig! Mit ihm kann der akkurate Gast schnell mal über den Tisch fahren, falls das Bier überläuft oder sich Ketchup auf die Tischplatte verirrt hat. So gerüstet hat der gute Griller schon einige Fallen sicher ausgetrickst.

Lektion Nr. 4: Gläser & Beilagen

Die Trinkbehältnisse sollten aus Glas bestehen, da Eiskristallbildung so frühzeitig erkannt werden kann. Das beste Gegenmittel ist aber immer noch das zügige Entleeren der Getränkeeinheit.

Mit dem bis bislang errungenen Ausstattungsrahmen kann man bereits von einem gut vorbereiteten Wintergrillen sprechen.

Allerdings ist noch einiges bei den Beilagen zu beachten:

Denn anders als bei den Getränken ist es oft schwierig, diese bei niederkommendem Reif in einem Zuge flott zu verspeisen, um ein Einfrieren zu verhindern. Und schließlich ist das ja auch nicht der Sinn der Sache. Das nette Beiwerk soll ja noch die Gaben vom Grill rahmen.

Gute Ergebnisse werden erzielt, wenn man den Schüsseln großvolumige Pudelmützen aufpflanzt. Diese bedürfen im Gegensatz zur eigenen Mütze keiner auffälligen Färbung, da sich Beilagen in der Regel nicht von selbst von der Stelle bewegen. Auch tut man gut daran, die Schüsseln mit warmen Tüchern zu umwickeln. Großzügiges Würzen mit Tausalz hingegen läuft der Bekömmlichkeit eher zuwider.

Lektion Nr. 5:

Nie ohne solide Grundlage starten!

Auch wenn es sich im ersten Moment paradox anhören mag: Man sollte im Winter niemals ausgehungert an den Grill treten! Natürlich auch nicht vollgestopft bis obenhin, was den ganzen Aufwand ja überflüssig machen würde. Zwei bis drei Stunden vor Grillbeginn ein ordentliches Wurstbrot verspeist, gibt dem Körper genügend Startenergie, um ohne weitere Komplikationen bis zum Auftischen des Grillgutes ausharren zu können.

Tut man das nicht und fährt also lieber den Kalorienhaushalt eines Grizzlys nach dem Winterschlaf, wird einem die Kraft fehlen, auch nur annähernd mitzuhalten. Dieses Versäumnis ist selbst durch einige gut gemeinte Schnäpschen nicht wieder aufzuholen – eher fällt man, von Kälte und Hunger zermürbt, deutlich früher aus. Manchmal auch um.

Der kleine Grill-Knigge

Auch der beste Griller ist nur ein Mensch und als solcher weder vor Fettnäpfchen noch vor Fehlern gefeit. Von einem fehlgeschlagenen Grillen aber spricht man erst dann, wenn sich Fehler an Fehler reiht und die Unternehmung in ein völliges Fiasko abzugleiten droht. Grund genug, Gastgeber und Gästen einige Anstandsregeln an die Hand zu geben, damit dem gemeinsamen Grillgenuss nichts im Wege steht!

Die Begrüßung

Aus der Sicht des Gastgebers:

In der Regel sind die eintreffenden Personen handverlesen und bekannt für ihr gutes Benehmen. Also spricht man jeden Gast persönlich an und verleiht seiner Freude über dessen Kommen Ausdruck. Bei der Begleitung darf man hingegen gerne ein paar Abstriche machen, da diese meist unvermeidlich miteingeladen werden musste.

Ein grober Fehler ist es, wenn der Gastgeber seine Gäste einfach am Grillort warten lässt und deutlich nach der vereinbarten Zeit erscheint. Wirkt er dazu noch demotiviert und reißt am Ende gar dumme Witze, ganz nach dem Motto »Da seid ihr ja schon«, ist die erste Hürde zu einem schönen Grillabend bereits souverän gerissen. Der gute Griller ist daher stets pünktlich und nimmt seine Gäste gebührend in Empfang!

Aus der Sicht des Gastes:

Der Gast sollte sich darüber im Klaren sein, dass der Gastgeber sich alle Mühe gibt, ein opulentes Grillen zu veranstalten. Er setzt in der Regel seine ganze Energie für diese Feierlichkeit ein, nur um es den Gästen so angenehm wie möglich zu machen. Als guter Freund besorgt man daher im Vorfeld ein kleines Präsent als Ausdruck dankbarer Anerkennung.

Eigene Vorlieben darf man dabei getrost miteinfließen lassen. Zum Beispiel übergibt man dem Ausrichter augenzwinkernd eine Flasche hochprozentiges Destillat mit den Worten: »Die trinken wir gleich ganz alleine aus.« Der galante Gastgeber erwidert das Versprechen artig und spätestens beim fünften Geladenen mit gleichen Ambitionen bestehen beste Aussichten auf ein ganz besonderes Grillvergnügen.

Die erste halbe Stunde

Aus der Sicht des Gastgebers:

Da man zum Grillen und nicht zum Diskutieren geladen hat, ziemt es sich, den Gästen ohne Umschweife Getränke und kleine Appetithäppchen zu offerieren. Wer lange fragt, der gibt nicht gern. Ein Pils als Begrüßungstropfen ist genau der richtige Einstieg. Dröge Cracker heben zusätzlich die Lust auf saftige Fleischlappen.

Manche Gäste werden auch abrupt von Magendrücken heimgesucht, sodass es mitunter vonnöten sein kann, ihnen einen Bitter zu kredenzen. Der Ausrichter hält daher schon aus reiner Höflichkeit immer ein Tablett mit Kurzen parat. Während sich die Gäste an der feuchten Runde delektieren, wird der Grill hergerichtet.

Aus der Sicht des Gastes:

Nichts ist unhöflicher, als geladen zu sein und nichts zu verzehren. Um diesen Eindruck gar nicht erst entstehen zu lassen, leert der manierliche Besucher mit freudigem Hallo ein ums andere Glas und verschmäht auch nicht die destillierten Köstlichkeiten.

Die Cracker werden in der Hand zerbröselt und dezent verpustet, statt kostbaren Magenplatz damit zu belegen. Alles muss man ja doch nicht essen. Und falls man schon immer mal gerne eine peinliche Frage über den Gastgeber stellen wollte, wäre jetzt genau der richtige Zeitpunkt dafür, da dieser in der Regel gerade den Grill anzündet.

Die Sitzordnung

Aus der Sicht des Gastgebers:

Es ist davon auszugehen, dass sich die Gemütslage des einen oder anderen unter dem Einfluss des Alkohols zu vorgerückter Stunde abrupt ändern wird Um etwaigen Kollateralschäden bereits im Vorfeld vorzubeugen, vermeidet man Konfrontationen hinlänglich bekannter Hitzköpfe am besten, indem man diese möglichst früh weit aus- und mit dem Rücken zueinander platziert.

Aus der Sicht des Gastes:

Endlich hat man einmal die Möglichkeit, einem Freund in geselliger Runde und vom Alkohol angenehm enthemmt seine ganz persönliche Meinung aufzudrücken. Hierzu setzt man sich ihm idealerweise direkt gegenüber, um sich leicht Gehör verschaffen und den Kollegen kameradschaftlich am Nacken fassen zu können. Auch bleibt so der Blickkontakt gewahrt.

Darreichung

Aus Sicht des Gastgebers:

Ist die erste Lage Fleisch zum Verzehr bereit, kann serviert werden. Der Gastgeber verteilt das Gegrillte auf mehrere Teller und platziert diese mit ausreichend Zwischenraum auf dem Tisch (Raubtierbändigungsprinzip). Er verhindert dadurch, dass ein tumultartiger Ansturm losbricht und Gäste eventuell verletzt werden oder gar das gute Gartenmobiliar zerbirst.

Freunden, die schon vorab etwas erhaschen möchten, erzählt man als Ablenkungsmanöver einfach eine kleine, verwirrende Geschichte. Die muss dann erst mal verarbeitet werden. Bis dahin sollte man fertig sein.

Aus der Sicht des Gastes:

Als Erster von den Köstlichkeiten zu naschen ist eine sportliche Herausforderung. Schon aus reiner Höflichkeit setzt man alles daran, dem Gastgeber zu zeigen, wie begehrt seine Gaben sind. Auch die Damen zeigen sich besonders beeindruckt von dem, der schon vorab ein Stück ergattert hat (Leitwolfprinzip).

Der Trick: Freundlich und bestimmt schreitet man auf den Grillmeister zu und beginnt sogleich von der armen Oma zu erzählen. Die hat nämlich wildes Fleisch am Fuß, das gar fürchterlich nässt und riecht – hier ein Foto. Angewidert wird sich der Gastgeber abwenden. Das ist dann der Moment!

Anstand bei Tisch

Aus der Sicht des Gastgebers:

Der Gastgeber übernimmt in dieser Phase des Abends die Funktion der fürsorglichen Mutter, stets darauf bedacht, dass jeder ein volles Glas und einen gut gehäuften Teller vor sich hat.

Überlässt er die Versorgung nämlich den Gästen, so wird der ein oder andere sich wohl in falscher Zurückhaltung üben, da er von den übrigen nicht der Unverschämtheit oder gar Völlerei bezichtigt werden möchte.

Der perfekte Gastgeber befüllt seinen Gast so lange weiter, bis er an dessen Augen deutlich einen gewissen Sättigungsgrad ablesen kann.

Aus der Sicht des Gastes:

Ein Grillabend bei Freunden bietet stets auch die Chance, den Rest der Woche nicht mehr selbst kochen zu müssen. Ab einer gewissen Anzahl von Gästen verliert der Gastgeber schnell den Überblick darüber, wer was und wie viel gegessen hat.

Um dem Hausherrn durch überzähliges Grillgut nicht das Gefühl zu geben, es habe eventuell nicht gemundet, gehört es zum guten Ton, heimlich einige Fleischstücke in der Kleidung verschwinden zu lassen.

Aus diesem Grunde empfiehlt es sich, die Garderobe für den Abend nach dem potenziellen Stauraum auszuwählen. Um möglichst unauffällig und effektiv zu Werke gehen zu können, gehören beispielsweise Lodenmäntel zur ersten Wahl.

Die Vorstellung, derart gekleidet bei einer sommerlichen Grillparty zu erscheinen, mag zunächst gewöhnungsbedürftig sein, aber bei näherem Hinsehen wird man feststellen, dass sich auch bei anderen Gästen noch so manches aus der letzten Winterkollektion wiederfindet.

Der Endspurt

Der gemütliche Teil des Abends beginnt – für die Gäste. Das zu bewirtende Areal hat sich zusehends vergrößert und nimmt inzwischen den kompletten Garten ein. Einige Paare haben sich extra hinter den Büschen versteckt, um die Aufmerksamkeit des Gastgebers auf die Probe zu stellen.

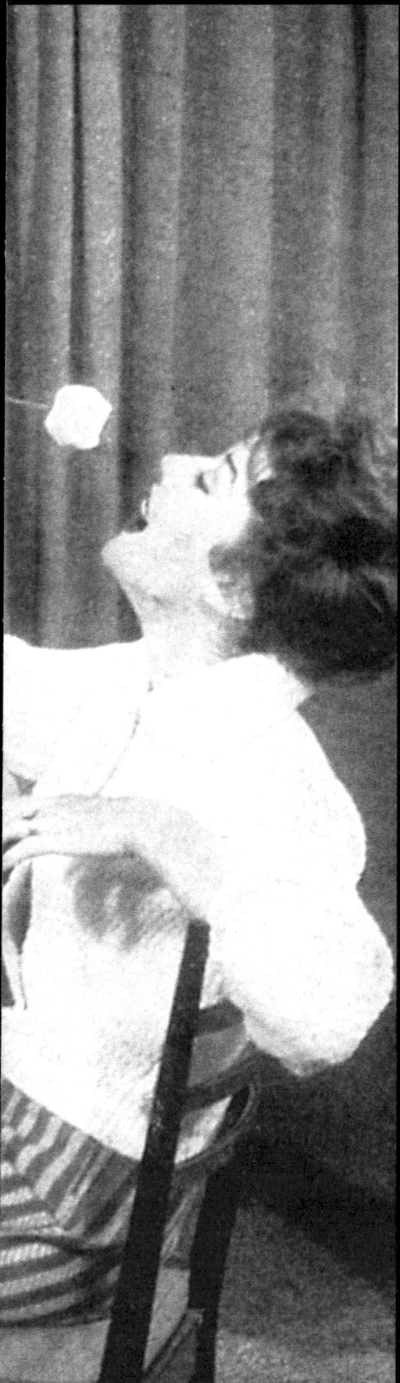

Aus der Sicht des Gastgebers:

Der gute Mundschenk frequentiert in kurzen Abständen jeden Winkel seiner Liegenschaft mit einem vollen Tablett, sodass auch bei den Pärchen in den Büschen keine Langeweile aufkommt. Zwischen den Runden nimmt er sich selbst einen Moment Zeit, um den zu Beginn des Abends gegebenen Versprechen bezüglich diverser Flaschenentleerungen mit aller Konsequenz nachzukommen. So vergeht die Zeit wie im Fluge.

Aus der Sicht des Gastes:

Die Herausforderung, den Hunger zu besiegen, ist gemeistert. Nun aber wartet ein noch viel härterer Gegner: der Durst! Als Gast hat man die Pflicht, den Gastgeber einen harten Kampf kämpfen zu lassen, damit dieser später mit stolzgeschwellter Brust davon berichten kann, wie er ganz alleine die Speisung der Fünftausend bewältigt hat. Eine größere Freude kann man ihm also gar nicht machen, als ihn immer wieder zu neuen Höchstleistungen anzuspornen, auf dass sein Ruhm gemehret werde und die Nachwelt noch ehrfürchtig von seinen Taten berichte.

Dies bewerkstelligt man zum einen durch eine hohe Schlagzahl, aber auch durch eine gewisse Extravaganz bei der Getränkewahl. Man tut gut daran, nicht nur den Gastgeber, sondern auch sich selbst in ständiger Bewegung zu halten, indem man z.B. nach jeder Bestellung unverzüglich einen neuen Platz aufsucht. So mancher Gast soll sich dabei schon derart verausgabt haben, dass er am nächsten Morgen ohne Erinnerung in einer ihm völlig unbekannten Gegend aufgewacht ist.

Der Abschied

Aus der Sicht des Gastgebers:

Ein guter Abschied wird vom Gastgeber, der sich mittlerweile in Rage gekellnert hat, gar nicht wahrgenommen. Er findet schließlich seine verdiente Nachtruhe in der sicheren Gewissheit, wirklich alles gegeben zu haben.

Ein steter Quell der Kraft ist ihm die Bibel – denn wie heißt es dort so schön? »Geben ist seliger denn Nehmen.« Eben. Wohl dem, der einen so frommen Grillmeister zum engeren Freundeskreis zählen darf!

Aus der Sicht des Gastes:

Schön ist es gewesen! Der Körper ist durch die verköstigten Speisen gestärkt und der Verstand durch die vergeistigten Getränke beschwingt. Mit einem hingehauchten »Danke« begibt sich der Gast sodann durch das traumweltartige Refugium auf den Heimweg und nach einem eleganten Sturz über den Jägerzaun in notfallmedizinisch helfende Hände.

Resümee:

Grillen ist eine Herausforderung! Ein einfaches Würstchen, achtlos auf die Roste geworfen, bleibt ohne Resonanz. Ganz anders hingegen das Feuerwerk kulinarischer Genüsse aus der geübten Hand eines Virtuosen!

Talent und Können bestimmen Darbietung und Darreichung der Speisen, kein Gästewunsch soll unerfüllt bleiben – eine Herkulesaufgabe, bei deren Bewältigung sich erst der wahre Meister zeigt.

Hygiene am Grill

Im Grunde genommen ist es überflüssig, sich über dieses Thema zu unterhalten, denn Sauberkeit und Appetitlichkeit sind Voraussetzung eines jeden guten Grillevents. Ein guter Griller ist auch ein sauberer Griller. Allerdings trifft der aufmerksame Gast allerorten auf Unzulänglichkeiten, die mit wenigen Handgriffen zu beheben gewesen wären. Auf den folgenden Seiten sollen deshalb einige Fingerzeige und Kniffe vorgestellt werden …

Der Teller

Hier muss der ambitionierte Gastgeber den schmalen Grat zwischen penibler Sterilität und gediegenem Komfort beschreiten.

Einweggeschirr ist zwar klinisch rein, aber auch extrem geschmacklos, zumal es schnell durchweicht und dann zum Teil mitverspeist werden muss. Porzellan hingegen ist hochwertig, im Winter allerdings auch, wie gesagt, hochgradig wärmeleitend, was dem Grillgut ebenfalls abträglich ist.

Die beste Lösung stellen Mehrweg-Plastikteller der gehobenen Preisklasse dar. Sie sind langlebig, leicht und nicht nur spülmaschinenfest, sondern auch bei höheren Temperaturen formstabil.

Zudem kostet solch ein Teller nicht die Welt und kann bei Blessuren besten Gewissens kurzerhand entsorgt werden.

Das Besteck

Das Besteck ist auf dem Weg des Genusses gegrillter Gaben das letzte logistische Mittel. Es kommt ihm daher auch eine besondere Bedeutung zu. Reines Plastikbesteck erzeugt im Mund ein eher flaues Gefühl.

Der Königsweg ist in diesem Fall ausnahmsweise die Mittelklasse: Plastikgriff und Edelstahlspitze. Der Kunststoff entzieht der Hand vor allem im Winter wenig Wärme und vorn verrichtet das zudem noch äußerst verschleißarme Metall seinen geschmacksneutralen Dienst.

Das Glas

Das sauberste Glas ist die Flasche. Dieses Gefäß garantiert, dass beim Auftischen am wenigsten verschüttet wird. Es kann selbst von Frauenhänden sicher umschlossen werden und hält auch akrobatische Einlagen nicht mehr ganz so gestandener Mannsbilder zu später Stunde aus, da es deutlich unempfindlicher gegen mechanische Einwirkungen ist als etwa das Bleikristall aus dem Nachlass der Großeltern.

Wer es ein wenig eleganter mag, möge auf Bierkrüge zurückgreifen. Ihr Fassungsvermögen ist ausreichend und in der Regel ebenso ihre Bruchfestigkeit, sofern sich der fröhliche Griller nicht samt Krug aus dem dritten Stock fallen lässt.

Um das zu spülende Equipment möglichst gering zu halten, gilt: Pro Person ein Gefäß für alle Getränke! Ja, auch für den Magenbitter.

Die Grillroste

Das Sorgenkind beim häufigen Grillen. Ihr Dasein gleicht dem einer Waise: Heute noch Grundlage zur Zubereitung köstlicher Fleischwaren, ist sie am anderen Morgen bereits vergessen und modert vor sich hin. Nach einwöchiger Verweildauer in sengender Serengeti blüht und sprießt es auf ihr, als ob der Herrgott neues Leben erschaffen wollte.

Zum Glück kennt die Chemie die Pyrolyse. Nach dem Anheizen des Grillgerätes setzt der erfahrene Griller die Roste tief auf und deckt sie mit Alufolie ab. Die darunter entstehende Hitze lässt die Stäbe erglühen und jedwedes organische Leben verwandelt sich unweigerlich zu Asche, die kurzerhand abgestaubt werden kann – in Fachkreisen auch umgekehrte Genesis oder trockene Destillation genannt.

Nachteil: Ist der Gastgeber nicht so beflissen, die Grillroste noch am gleichen oder am folgenden Tag mit sanftem Schwamm und Fettlöser zu reinigen, sondern beschreitet den pyromanen Weg, leidet das Material und büßt an Lebensdauer ein. Wer aber einmal das Schauspiel der pyrolytischen Reinigung miterlebt hat, möchte fortan nicht mehr darauf verzichten. Es ist ein Erlebnis der ganz besonderen Art – und zudem eine olfaktorische Hommage an das vorangegangene Grillen.

Das Umfeld

Manche Probleme lösen sich fast wie von selbst. Warum zum Beispiel nicht auch die Fauna in das gelungene Grillevent miteinbeziehen! In einem gut geordneten Ökosystem findet der Waschbär seine Daseinsberechtigung ebenso wie der Igel und das Rotkehlchen. Statt schleimiger Schnecke und sich windendem Wurm stehen anderntags für diese glücklichen Kreaturen Wurstzipfel und Brotkrume auf dem Speiseplan. Einmal richtig konditioniert, ersetzen die natürlichen Putzteufel Dutzende helfender Hände – vorausgesetzt natürlich, man lässt sie …

Gesundheit und Grillen

Wer denkt, Grillen sei ein reines Freizeitvergnügen, der irrt gewaltig! Wenn die Krankenkassen der enormen gesundheitlichen Prophylaxe durch gutes Grillen auf allen Gebieten Rechnung tragen würden, könnte jeder Dauergriller mit einem Minimum an finanziellem Aufwand maximalen Versicherungsschutz genießen.

Grillen bedeutet Körperpflege und Stärkung der Abwehrkräfte in bester, schönster und geselligster Form. Nirgendwo sonst kann man das Nützliche mit dem Angenehmen so harmonisch verbinden wie beim Grillen.

Bewegungssport fördert zwar zugegebenermaßen die Agilität, endet aber nur allzu oft beim Knochendoktor. Der einzige Knochen, den sich der Griller bricht, ist das Rippchen auf dem Teller – und zwar gewollt. Das kann kein Fußballer, Hockeyspieler oder Mountainbiker ernsthaft von sich behaupten. Auch bei halsbrecherischen Aktionen wie Freeclimbing oder Gesellschaftstanz wähnt man sich dem Tode oft näher als dem Leben.

Grillen hingegen ist nicht nur Körperertüchtigung, sondern auch Charakterbildung und Geistesschulung. Auf kognitiv hohem Niveau bewegt sich der Gastgeber schon bei der Vorbereitung: Ist der Platz gut gewählt? Sind sämtliche Zutaten vorhanden? Die Gäste informiert und am Abend selbst auch gut platziert? Fragen über Fragen geistern dem Grillmeister nächtelang durch den Kopf und bedürfen immer wieder kleiner Verbesserungen.

Unwägbarkeiten wie das Wetter, die eigene Verfassung, Nachbarn oder Ordnungshüter müssen einkalkuliert werden. Für alles muss es einen Plan B oder besser noch einen Plan C geben – ein ausgeklügeltes, mehrfach redundantes System will durchlaufen sein, bevor das logistische Großprojekt Grillen in einem Feuerwerk des Genusses gipfeln kann.

Die Physis des Grillers

Doch woher nimmt der Griller die Energie, um sich dieser Herausforderung zu stellen? Die Antwort: Aus dem Fleisch – dem Lebenselixier schlechthin! Mit seinem hohen Gehalt an Vitaminen, Spurenelementen und Eiweißen kräftigt es gleichermaßen Körper, Geist und Seele.

Der Griller fühlt sich nicht nur stark, er ist es auch. Wie ein Silberrücken, der einer ganzen Horde Gorillas an Kraft überlegen ist. Er braucht sich nichts zu beweisen, hat alles im Griff und trifft die richtigen Entscheidungen im richtigen Moment. Gutes Grillen sollte daher auch unbedingt fester Bestandteil von Managerseminaren sein.

Gerade die Physis des Grillers wird über die Jahre durch den konsequenten Genuss fleischlicher Köstlichkeiten gestärkt. Muskeln ohne Fleischkonsum? Einfach undenkbar. Fast eins zu eins setzt sich das Nackensteak auf Bizeps und Wade. Bauchmuskeln schwellen an wie aufgepumpte Fahrradschläuche. Die Rückenmuskulatur könnte der Wirbelsäule eigentlich gänzlich entbehren und auch der Kauapparat nimmt wahrhaft herkulische Züge an.

Ganzjahresgrillen überlistet zudem das Kälteempfinden und stärkt die Abwehrkräfte. Die Influenza wird förmlich weggegrillt. Für die anderen Krankheiten gibt es die jede Grillparty begleitenden Tröpfchen und Essenzen auf Alkoholbasis. Düstere Gemütszustände werden aufgehellt, Dehydrierung weggetrunken und jede Art von Infektion von innen heraus kuriert.

All das in Verbindung mit der gemeinschaftlichen Erfahrung eines Grillabends unter Freunden zeichnet einen wahrhaft klingonischen Griller aus. Wer grillt, lebt von innen heraus. Und wahre Schönheit kommt bekanntlich ohnehin von innen.

Das Grillgut – Es geht um die Wurst!

Die Grundlage jedes guten Grillens ist das Würstchen, genauer gesagt: die Bratwurst. Ganz egal, ob als Natur-, Käse-, Kräuter- oder Gyroswurst – sie ist die Königin des Grillgutes und die Zierde jeder Metzgerei.

Unglücklicherweise hat der BSE-Skandal den Rindfleischanteil in den letzten Jahren zunehmend schrumpfen, mitunter gar verschwinden lassen. Aber keine Sorge: Ein richtiger Klassiker überlebt jeden Wahn.

Von vielen wird die Bratwurst fatalerweise missverstanden. Sie fungiert als »Sattmacher« vorweg, um vermeintlich Kosten zu sparen. Aber Achtung! Ein qualitativ hochwertiger Fleischdarm ist die konsequente Weiterentwicklung des Nackenkoteletts und daraus resultiert auch der Preis. Billige Fleischwaren sind dagegen stets Abfallprodukte der Fleischindustrie.

Ergänzt werden kann die Grillpalette mit Fleischlappen aller Art. Naja, nicht wirklich aller Art! Bevorzugen sollte man solche Tiere und Tierprodukte, die ihren natürlichen Lebensraum in unseren Breitengraden finden. Denn gerade für den weltunerfahrenen Griller gibt es sonst zu viele Fallen.

Ist bereits die gemeine westfälische Trichine ein nicht zu unterschätzender Gegner – wie aussichtslos erscheint dagegen erst der Kampf gegen australische Spinwurz-Wespenlarven in der Augenhöhle, herbeigeführt durch den übermäßigen Verzehr von Emu-Krakauern! Generell gilt daher: Der wohlwollende Gastgeber brät Heimisches der Saison.

Exoten auf dem Teller?

Wie schmeckt Hyäne, kann man Flughunde essen und welche Marinade passt zu Erdmännchen? Alles Fragen, die sich ein ordentlicher Griller getrost schenken kann. Denn gegrillt wird, wie gesagt, stets Heimisches der Saison. Schwein gehabt!

Auch andere Exoten bilden da keine Ausnahme: Aus Krokodilhaut lassen sich prima Handtaschen, Gürtel, Geldbörsen und Schuhe fertigen – der Rest ist ein Abfallprodukt der Lederindustrie und mitnichten zum Verzehr geeignet. Das Krokodil ist ein reines Accessoire- und Bekleidungstier.

Noch viel unappetitlicher ist die Beschaffung von Kängurufleisch. Was dem treffgenauen deutschen Autofahrer der Igel unter dem Reifen, das ist dem australischen Lkw-Lenker das wilde Gehopse im Fanggitter: einfach nur ein Ärgernis.

Doch unsere Freunde aus Downunder wissen sich zu helfen: Einfach den Kadaver an der nächsten Tankstelle in die dafür bereitgestellten Container mit der Aufschrift »Nur für den Export« werfen und Payback-Punkte beim Tankwart kassieren.

Ab und an verirrt sich auch mal ein Dingo oder Opossum in diese Resteverwertung. Aber nach ein paar Tagen in der prallen Sonne ist das dann auch völlig egal. Manche Speditionen sind auf diesen Bonusservice regelrecht angewiesen und schicken ihre Brummis extra quer durch die Wüste.

Für den guten Griller gilt daher die Regel: Wer Abfallfleisch oder Kadaver am Grillort auffindet, sollte diesen zügigst verlassen – oder noch besser: Gummihandschuhe über und die armen dahingeschiedenen Tiere in einer großen Tonne mit Deckel entsorgen. Im Magen des beflissenen Dauergrillers haben sie jedenfalls herzlich wenig verloren. Also Finger weg von solchen Produkten!

Natural Born Grillers
- Die Geheimrezepte -

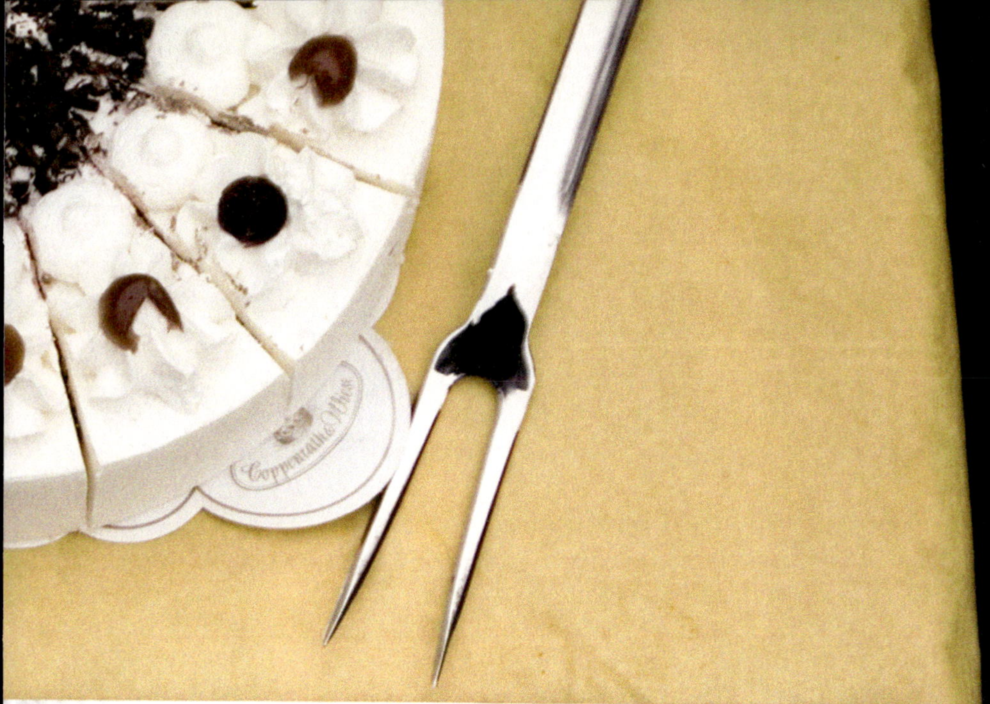

Mal ganz ehrlich: Es wird doch wohl niemand ernsthaft erwarten, hier ein paar stinknormale Grillrezepte zu finden, oder?

Und dass das Würstchen stets senkrecht zur Rippe gegrillt wird, dürfte selbst dem blutigsten Anfänger klar sein.

Wir möchten auch niemandem vorschreiben, wie er seine Marinaden zu machen hat – die Geschmäcker sind bekanntlich verschieden.

Die wichtigsten Zutaten zu einem gelungenen Grillen sind – neben einem guten Edelstahlgrill und der richtigen Ausrüstung – immer der Spaß an der Sache und der Mut, ab und an mal etwas völlig Neues auszuprobieren.

Also ran an den Grill und werft auf die Roste, was ihr lustig seid!

Eine kleine Auswahl unserer Eigenkreationen möchten wir euch aber nicht vorenthalten …

Zur Einstimmung: Der Glüh-Rosé

Ein gelungenes Grillen zeichnet sich auch durch die Wahl der Getränke aus. Der gestandene Griller bevorzugt natürlich stets die allseits beliebte Hopfenkaltschale, doch kann es ihn auch einmal nach etwas Besonderem gelüsten. Wie wäre es zum Beispiel mit einem guten Glüh-Rosé?

Man nehme

- 200 ml Melissengeist
- 1 Schuss Rotwein
- 1 EL weißen Kandis gegen den Geschmack

Zubereitung

Zunächst erhitzt man die Melissengeistflasche in einem heißen Wasserbad. Heißes Wasser lässt sich mit einem feuerfesten Topf oder Teekessel übrigens ohne weiteres auch auf dem Grill fabrizieren. (Vorsicht bei Töpfen mit Plastikgriffen!)

Den Kandis gibt man in ein hohes, schlankes Glas ohne Stiel (das erleichtert das Absetzen). Dann die Spirituose langsam über die Süße rinnen lassen. Nicht umrühren! Schon jetzt bilden sich in dem Glas die ersten Schlieren, von denen man nach dem Genuss dieses Getränks ganz umnebelt sein wird.

Zum Schluss noch ein kleiner Schuss Rotwein, um dem Ganzen die gewünschte Farbnuance zu verleihen. Dabei ist strikt darauf zu achten, den Alkoholgehalt nicht unter 75 Vol.-% zu drücken. Wer sich danach nicht gut bedient fühlt, möge sich noch einen Doppelten bestellen.

Sehr zum Wohle!

Schwarzwälder Kirschtorte

1.) Die noch tiefgekühlte Torte mit einem Messer zunächst in einzelne Stücke zerteilen und diese jeweils auf einer doppelten Lage Alufolie platzieren.

1

6

6.) Endlich darf die Torte auf den Grill. Die Kirsche dient als Gradmesser für den Garungszustand der Torte. Sinkt die Kirsche in die Sahne ein, ist die Torte fertig und kann genüsslich aus dem Aluminiumkleid herausgelöffelt werden.

5.) Die Tortenstücke sind nun fast gänzlich von Alufolie umschlossen. Aber nur fast – denn über der Kirsche sollte ein kleines Guckloch gelassen werden!

5

2

2.) Die Alufolie am Tortenboden entlang falten und nach oben schlagen.

3.) Die umgeschlagenen Seiten zu einem Dreieck falten. Bitte schon beim Falten darauf achten, dass später auf dem Grill nichts auslaufen kann! Alle Seiten sollten dicht abschließen.

3

4

4.) Damit auch wirklich nichts auslaufen kann, wird die Folie von der Spitze bis zum Sahnehäubchen über dem Tortenstück zusammengefaltet, sodass ein Schiffchen entsteht.

Der Fleischlappen

Was so einfach aussieht, birgt oft ungeahnte Probleme, deren Lösung von jedem Griller ein Höchstmaß an Erfahrung im Umgang mit rohem Grillgut verlangt. Er muss sich darüber im Klaren sein, dass das Fleisch durch nicht mehr als die Marinade von der aggressiv lodernden Glut entfernt ist.

Die Regel besagt, dass man einen Fleischlappen gar nicht oft genug wenden kann. Auch das Umpositionieren während des Garvorgangs ist nur von Vorteil, da der auslaufende Saft den Grill sonst allzu schnell in ein flammendes Inferno verwandeln kann. Das muss nicht sein und irritiert nur unnötig die Gäste.

Eine leider immer wieder zu beobachtende Unsitte ist das Ablöschen des Grillguts mit Bier. Dass das Fleisch dadurch zarter werden soll, gehört wie so vieles andere auch in die Welt der Mythen und Legenden. In Wirklichkeit macht es nur Dreck – und dem Geschmack ist es auch nicht zuträglich. So mancher schlechte Gastgeber soll allerdings schon bei dem Versuch ertappt worden sein, durch solche Albernheiten davon abzulenken, dass es sich bei dem zu kredenzenden Grillgut lediglich um das minderwertige Fleisch irgendwelcher dahergelaufener Hornochsen handelt. Also Vorsicht, wenn der Chef zur Flasche greift!

Der Fleischereifachverkäuferin bestes Stück hingegen sollte dem Gast von außen knusprig und von innen noch zart saftig serviert werden. Der Grillgourmet empfiehlt dazu nichts weiter als eine Scheibe frisches Toastbrot, mit der der beim Anschneiden auslaufende Saft aufgenommen werden kann. Das Bier darf dazu gerne in Strömen fließen – nur bitte nicht auf den Grill.

Der Klassiker: Die Currywurst

Es bedarf:

- 1 bis 2 Bratwürstchen (feines Brät)
- Tomatenketchup (erwärmt)
- Curry (beste Qualität)

Zubereitung:

Zunächst wird die Wurst kurz, aber kräftig von beiden Seiten erhitzt, damit das Brät gut durchwärmt. Hat sich das Würstchen in seiner neuen Umgebung ausreichend akklimatisiert, bekommt es bei mittlerer Hitze die charakteristischen braunen Streifen beigebracht.

Sodann wird das Objekt der Begierde beidseitig mit einem feinen Netz von Schnitten und einer mediterranen Bräune versehen. Nun ist Eile geboten. Den Darm vom Rost nehmen, auf einem Teller drapieren und – geschnitten oder am Stück – großzügig mit Tomatenketchup versehen. Der Kenner nimmt hierfür immer etwas mehr als notwendig.

Zum guten Schluss wird das Mahl noch mit einer ordentlichen Portion Curry bepudert. Hierbei bloß nicht sparen! Der Genuss eines mit Herzblut gegrillten Würstchens soll ja schließlich nicht durch den übermäßigen Geschmack von Billigketchup vergällt werden.

Dazu empfiehlt der Grillgourmet ein kühles Fassbier sowie eine leicht angetoastete Scheibe Weißbrot.

Getunte Putenbrust

Geflügelfleisch hat von Natur aus viel zu wenig Cholesterin. Das lässt sich ändern! Um aus dem Rohmaterial eine vollwertige Kost zu zaubern, bedarf es nur weniger Handgriffe.

Man nehme in beliebiger Anzahl:

- Putensteaks
- hartgekochte Eier (halbiert)
- Gewürze der Saison
- Holzspießchen

Zubereitung:

Einfach ein bis zwei hartgekochte Eier in ein Putensteak wickeln, mit einem eingeölten Holzspießchen feststecken und ab damit auf den Grill. Dieses simple, aber äußerst schmackhafte Rezept erlaubt eine Vielzahl von Variationen. Hier nur zwei Beispiele:

Variation 1:

Sowohl die Füllung als auch das Fleisch werden gewürzt, wobei darauf zu achten ist, dass die Gewürznoten einander ergänzen. So können die Eier beispielsweise mit Salbeiblättern belegt werden und die Geflügelrolle von außen eine Curry- oder Paprikanote erhalten.

Variation 2:

Beide Eihälften mit Sojasauce beträufeln und wieder zusammenfügen. Die fertige Roulade mit geriebenem Ingwer betupfen.

Tipp:

Den Rost bei geringer Hitze hoch ansetzen, da die Steaks wegen ihres Umfangs ein wenig länger brauchen, bis sie durch sind!

Der June-Carter-Gedächtnissalat

Diese Kreation ist eine Hommage an die Frau des großen Countrysängers Johnny Cash und stellt nicht zuletzt eine willkommene Möglichkeit dar, die vom Vortag übrig gebliebenen Bratwürstchen zu verwerten. Aber vollkommen egal, ob als Beilage oder pur – der Salat ist immer ein Genuss!

Man nehme:

- 2 bis 3 Bratwürstchen
- 1 kleine Dose Mais
- 1 kleine Dose rote Bohnen
- 1 Stück Salatgurke
- 1 Zwiebel
- 1 Fleischtomate
- 2 saure Gurken
- Petersilie und Schnittlauch
- ein Schuss Weißweinessig
- ein paar Tropfen natives Olivenöl
- Salz und Pfeffer

Zubereitung:

Mais und Bohnen in einem Sieb gut abtropfen lassen. Gurken, Zwiebel und Tomate fein würfeln. (Laut Mrs. Carter trägt das zur Bekömmlichkeit bei.)

Die Würstchen, ob warm oder kalt, längs halbieren und in Stücke schneiden. Sodann alles in eine Schüssel geben, mit reichlich Petersilie und Schnittlauch bedenken sowie mit Salz und Pfeffer würzen. Abschließend mit einem guten Schuss Weißweinessig und etwas Öl abschmecken und gut durchmischen.

Tipp:

Der Kenner schwört auf eine Durchziehzeit von ein bis zwei Stunden.

Gegrilltes Popcorn

Wenn es ruhig wird am Grill, kann dies auch an der Geräuschkulisse liegen. Das klingt zunächst paradox, ist es aber nicht – denn es bedarf eines Knalleffekts, um die verwöhnte Gästeschar nach üppigem Mahl aus ihrem Blutdrucktief zu reißen!

Man nehme:

- Puffmais
- Öl (gerne auch gewürzt)
- 2 Grillschalen
- Zucker, Chili oder Salz (je nach Vorliebe)

Grillschalen haben zwar prinzipiell nichts am Grillort zu suchen – schließlich würde ja auch kein halbwegs normaler Mensch in einem Pelzmantel schwimmen gehen –, in diesem Falle sind sie jedoch unumgänglich.

Zubereitung:

Die Rillen der ersten Grillschale zunächst vorsichtig mit ein wenig Öl befüllen. Aufpassen, dass dabei nichts ins Feuer tropft! Puffmais hinzugeben, aber nicht zu viel auf einmal. Lieber die ganze Prozedur mehrmals wiederholen.

Nun eine zweite Schale umgekehrt über die erste stülpen, das Ganze auf den Grill stellen und bei mittlerer Hitze abwarten, bis es rappelt im Karton. Kleiner Tipp: Den Rost am besten möglichst hoch ansetzen, da man sonst Puffkoks bekommt!

Bevor die Symphonie gänzlich verebbt, nimmt man die Schalen vom Grill und würzt das heiße Grillgut je nach Geschmack süß oder herzhaft.

Achtung vor hinterhältigen Spätzündern! Diese kulinarische Spezialität neigt leider dazu, zurückzuschießen. Ist die Gefahr gebannt, darf beherzt zugegriffen werden.

Vegetarier an der Feuerstelle? Das Brötchen Anneliese

Extremen Verzerrungen ist die Philosophie des guten Grillens ausgesetzt, wenn Fleischverweigerer sich an der Grillstelle einfinden. Dabei handelt es sich meist um ansonsten patente und freundliche Menschen mit wachem Geist und Verstand, die aufgrund physischer Defizite oder diffuser weltanschaulicher Skrupel (»Das Rind ist auch nur ein Mensch«) fleischlichen Lüsten abhold sind. Aber man wäre ja kein Grillprofi, könnte man nicht auch in dieser Situation brillieren. Fleischlos und trotzdem lecker ist zum Beispiel das Brötchen Anneliese.

Man nehme:

- Aufbackbrötchen
- Käse (völlig egal, nur keine Mühe!)
- Tomaten, Gurken, Zwiebeln etc.
- Dosengemüse (irgendwas, gut abtropfen lassen)
- Alufolie

Zubereitung:

Aufbackbrötchen aufschneiden, Käse und sonstiges Gesumms rein, das Ganze wie ein Bonbon in Alufolie einwickeln – fertig!

Schwieriger gestaltet sich der Garungsvorgang. Auf gar keinen Fall direkt über der Glut rösten! Eher am Rand mit ausreichender Wärmestrahlung garen. Außerdem braucht man ja auch den Platz im Zentrum, um das Grillfleisch zu fertigen.

Nun heißt es geduldig sein ...

Das Brötchen Anneliese eignet sich übrigens auch hervorragend als Beilage.

Selbst ist der Griller!
- Notlösungen -

Dass man als gestandener Griller den Holzkohlegrill bevorzugt und alle anderen Mittel zur Wurstgarung strikt ablehnt, versteht sich ja eigentlich von selbst. Was aber, wenn einen die Leidenschaft überkommt und man gerade keinen Grill zur Hand hat?

Dauergriller wie wir kennen dieses Problem nur zu gut und haben daher Methoden entwickelt, die schmachtenden Brätenthusiasten in Notsituationen als Krücke dienen können.

Vor allem Arbeitsplätze sind nicht zwangsläufig auch gute Grillplätze. Sei es, dass rigide Brandschutzbestimmungen dem Tun einen Riegel vorschieben, die Kollegen einem das gute Grillen nicht gönnen oder es einfach mal schnell gehen muss, weil man sich gerne noch ein Nickerchen am Schreibtisch genehmigen möchte. Was also kann man tun?

Das geföhnte Würstchen

In jede Schreibtischschublade passt ein handelsüblicher Heißluftföhn – ein Gerät also, das man beispielsweise zum Ablösen alter Farbe benutzt und das für einen paar Euro in jedem Baumarkt zu bekommen ist. Der Luftstrom erreicht locker Temperaturen von über 600 °C. Damit kann man einem Würstchen schon einiges antun.

Jetzt benötigt der gut ausgestattete Bürogriller nur noch eine Gabel und schon kann es losgehen. Das Würstchen aufspießen und aus einem Abstand von etwa 5 cm der Länge nach beföhnen (Vorsicht: immer in Bewegung bleiben und nicht auf der Stelle föhnen!). Dabei die Wurst langsam drehen. Ist der korrekte Bräunungsgrad erreicht, lässt sich die Geföhnte gleich von der Gabel weg verspeisen.

Kleiner Tipp am Rande: Auch wenn es noch so gut riecht, das Würstchen nie zum Körper hin föhnen! Zum Zwecke des Selbstbräunens gibt es bessere, vor allem aber weniger schmerzhafte Methoden.

Der Fußmatten-Grill

Hierzu bedarf es nicht mehr als einer Fußmatte oder eines Fenstergitters, einiger Steine für die Feuerstelle sowie ein wenig Brennmaterial. Für den ganz großen Hunger oder eine spontane Gartenparty mit Freunden empfiehlt sich ein gewöhnliches Durchwurfsieb – da lässt sich schon ordentlich was draufpacken ...

Und so wird's gemacht:

- Die etwa gleich hohen Steine im Kreis zu einer kleinen Feuerstelle formieren.
- Papier aus einer Tageszeitung oder Postwurfsendung zusammenknüllen, ein paar trockene Zweige dazu, mit Grillkohle bedecken und anzünden.
- Mit der übrigen Zeitung Luft zufächeln. Gut durchglühen lassen.
- Fußmatte, Fenstergitter oder Durchwurfsieb drauf – und los geht's!

Der Kamin-Grill

Angenommen, man macht Urlaub im hohen Norden und wird, kaum in der einsamen Hütte angekommen, prompt eingeschneit – draußen grillen, wie es der Etikette entspräche, geht also nicht.

In einer derartigen Notsituation wollen wir mal nicht so sein und, bevor überhaupt nichts auf den Grill kommt, das Grillen auch in geschlossenen Räumen gutheißen. Es darf alternativ also auch gerne mal im Wohnzimmer gegrillt werden!

Ein einfacher Rost ist schnell gebaut und schon kann man sich gemütlich ein paar Rentiersteaks brutzeln, während man vor dem Kamin wahlweise auf den Weihnachtsmann oder die Rettungswacht wartet.

Und wer daran Gefallen gefunden hat, dem steht es natürlich frei, sich im heimischen Garten oder auf der Terrasse einen eigenen Grillkamin zu mauern. Vorteil: Der Grill hat stets ein eigenes Dach und ist so bestens vor Nässe geschützt!

Der Waschmaschinentrommel-Gartengrill

Wie schon gesagt, ist der Elektrogrill nichts anderes als die verspielte Form der Waschmaschinenheizspirale und somit für jeden auch nur halbwegs ambitionierten Griller selbstverständlich völlig indiskutabel.

Das soll allerdings nicht heißen, dass sich mit Waschmaschinen prinzipiell nicht auch gut grillen ließe. Indem man sich nämlich beispielsweise einer klassischen Waschmaschinentrommel bedient!

Mit ein wenig handwerklichem Geschick ist schnell ein stabiler Untersatz gebastelt. Wer früher gut bei »MacGyver« aufgepasst hat, wird dazu nicht mehr als ein solides Schweizer Taschenmesser benötigen.

Jetzt noch schnell den Rost aus Omis Backofen stibitzt und die Gartenparty kann losgehen!

Kleiner Tipp: Besonders geeignet sind Waschmaschinentrommeln aus so genannten Topladern, da sich durch die Einfüllluke für die Wäsche bequem Brennmaterial nachlegen lässt.

Die Grundregeln des guten Grillens

1. Während des gesamten Grillvorgangs übernimmt der Griller die Aufgabe, seine Gäste trefflich zu unterhalten und insbesondere deren leibliches Wohl sicherzustellen.

2. Das zu verabreichende Grillgut hat gemäß den Mindestanforderungen zu bestehen aus:
   - diversen Fleisch- und Wursteinheiten,
   - Toastbrot oder anderen Backwaren gleicher Ordnung,
   - fünf Litern Fassbier.

3. Des Weiteren sind Grillutensilien in ausreichender Menge und exzellenter Qualität vorzuhalten. Als unabdingbar gelten:
   - diverse lose Biere,
   - Ketchup und Senf,
   - Holzkohle.

   Nicht zwingend, aber gern gesehen sind Gewürzpulver, diverse Liköre oder Schnäpse, Weine und Spirituosen aller Art. Außerdem gelten gegrillte Schwarzwälder Kirschtorte und Speiseeis Fürst Pückler Art mit Vanille-, Schokoladen- und Erdbeergeschmack den gestandenen Dauergrillern als Pläsier.

4. Das Würstchen ist die tragende Säule des Grillens. Ein Grillen ohne Würstchen ist kein Grillen.

5. Das Einheitsgrillwürstchen besteht hauptsächlich aus Schweinefleisch und hat ein Gewicht von 90 bis 110 Gramm. Es gilt als unzulässig, Würstchen mit einem Gewicht unter 90 Gramm sichtbar am Grillort auszulegen. Im Zweifelsfalle hat sich das Würstchen einer Gewichtskontrolle zu unterziehen.

6. Das Würstchen wird senkrecht zur Rippe gegrillt.

7. Die Herkunft angebotener Fleischlappen ist eindeutig zu klären. Zum Verzehr bestimmte Fleischlappen sind ausschließlich Tieren zu entnehmen, die in unseren Breiten gedeihen und hier ihren natürlichen Lebensraum haben. Fleisch exotischer Herkunft ist ausdrücklich unerwünscht und auf der Schwarzen Liste des Grillens (SLdG, siehe Folgeseite) zu indizieren.

8. Angebotene Grillprodukte dürfen keinesfalls den Tatbestand der Ungenießbarkeit erfüllen. Als ungenießbar gelten beispielsweise Waren mit abgelaufenem Verfallsdatum oder Grillgut im fortgeschrittenen Stadium der Karbonisierung.

   Produkte, die auf der SLdG indiziert sind, gelten per se – also unabhängig von ihrem Haltbarkeitsdatum – als ungenießbar. Die SLdG kann während des Grillens um weitere Produkte ergänzt werden.

9. Der Grillort ist in der freien Natur anzusiedeln. Als zulässige Orte werden Plätze eingestuft, die nach mindestens zwei Seiten hin offen sind, also bevorzugt Standorte in der freien Natur, aber auch Terrassen, Balkone und Carports.

10. Gäste sind dem guten Griller eine Erbauung. Personen hingegen, die dazu neigen, das Grillvergnügen zu beeinträchtigen, sind vom Grillort fernzuhalten.

Die Schwarze Liste des Grillens (SLdG)

Affenhirn, Antilopensteaks, Bärentatze (z.B. von Knut), Büffelleber, Chamäleon, Dromedar, Emu-Krakauer, Erdmännchen, Faultier, Gürteltier, Handtaschen, Insekten aller Art, Känguru, Krokodil, Lama, Meerschweinchen, Nacktschnecken, Otternasen, Ozelotzungen, Papageientaucher, Qualle, Robbe, Schildkröte, Schlange, Schuhe, Tintenfisch, Uhu (wegen Artenschutz), Vogel Strauß, Wal (außer im Norwegenurlaub), Wellensittich, Yak, Yeti und Zebra. Des Weiteren sämtliche Fleischwaren, deren Haltbarkeitsdatum abgelaufen ist (also auch Mammut).

Danke!

Genau dieses Wort sollte nach jeder Grillung ausgesprochen werden.
Rasch hat einen der Alltag wieder – und mal ehrlich:
Ist doch schön, wenn man sich dann an gesellige und
Leckere Stunden zurückerinnern darf.
Lautes Zuprosten und das Schaben der Zähne am Rippchen klingen
Einem noch lange im Gehörgang nach.
Nur durch ruckartig stechende Schmerzen

In der Lebergegend leicht irritiert, plant der gute Griller daraufhin
Schon bald ein ähnlich formidables Fest. In der Regel ziehen nur wenige
Tage ins Land, und man trifft alle wieder, die

Lieben in gewohnt lässiger Runde.
Ein Leben ohne Grill ist wie ein Kotelett ohne Knochen,
Bier ohne Schaum oder alkoholfreier Korn, einfach nur eine halbe Sache.
Eine schöne Zeit am Grill wünschen Euch deshalb die
Natural Born Grillers.

Bildnachweis

004|005	Ramon Haindl
008|009	b.sign (Photocase)
010|011	Ramon Haindl
012|013	Ralf Meier
014|015	Ramon Haindl
016|017	Volker Oppmann
018|019	Volker Oppmann
020|021	Volker Oppmann
022|023	Sandra Höfinghoff
024|025	Atreyu1980 (Photocase)
026|027	Frank Zünkler
028|029	Sandra Höfinghoff
030|031	Martin Seidler (Photocase)
032|033	Graeme Purdy (iStockphoto)
034|035	AKG Images
036|037	kimsey (Photocase)
038|039	Nico Kläber (Photocase)
040|041	Daniel Schoenen (Photocase)
042|043	Frank Zünkler
044|045	Jonny Heinsohn (Pixelio)
046|047	Henry Beeker (iStockphoto)
048|049	Gustaf Brundin (iStockphoto)
050|051	Dennis Brandt (Photocase)
052|053	Oheim, Gertrude: Einmaleins des guten Tons. Gütersloh: Bertelsmann, 1955.
054|055	Oheim, Gertrude: Einmaleins des guten Tons. Gütersloh: Bertelsmann, 1955.
056|057	herr.Rossmann (Photocase)
058|059	elch_und_kunst (Photocase)
060|061	Oheim, Gertrude: Einmaleins des guten Tons. Gütersloh: Bertelsmann, 1955.
062|063	Oheim, Gertrude: Einmaleins des guten Tons. Gütersloh: Bertelsmann, 1955.
064|065	Oheim, Gertrude: Einmaleins des guten Tons. Gütersloh: Bertelsmann, 1955.
066|067	Oheim, Gertrude: Einmaleins des guten Tons. Gütersloh: Bertelsmann, 1955.
068|069	Thomas Densing (Pixelio)
070|071	Ramon Haindl
072|073	Jan Gropp (Photocase)
074|075	Sascha Keßels (Pixelio)

076|077	Sabine Flaisch (Pixelio)
078|079	Jacky Simanzik (Photocase)
080|081	Dragon30 (Photocase)
082|083	Martin Schemm (Pixelio)
084|085	Thomas Seemann (Photocase)
086|087	Ramon Haindl
088|089	Ramon Haindl
090|091	Ramon Haindl
092|093	Ramon Haindl
094|095	Volker Oppmann
096|097	Volker Oppmann
098|099	Volker Oppmann
100|101	Volker Oppmann
102|103	Volker Oppmann
104|105	Jens Gebhardt (Photocase)
106|107	Volker Oppmann
108|109	Michael Trettner (Photocase)
110|111	Uwe Eichler (Pixelio)
112|113	Juris Oz (Pixelio)
116|117	Madochab (Photocase)
118|119	Madochab (Photocase)
122|123	Ramon Haindl
124|125	Ralf Meier
126|127	Ramon Haindl
128	Ramon Haindl

Mit besondererem Dank an die Fotografen Ramon Haindl und Ralf Meier für das hervorragende Bildmaterial sowie die Designerinnen Anita Nastav und Sandra Höfinghoff, die uns freundlicherweise ihre Diplomarbeiten zum Thema Grillen zur Verfügung gestellt haben. And last but not least natürlich das geniale Logo samt Grill von Alexander Rübsam!

Der Verlag hat sich bemüht, sämtliche Rechteinhaber der verwendeten Bilder zu ermitteln und im Vorfeld zu kontaktieren. Sollte dies einmal nicht geschehen sein, bitten wir um Kontaktaufnahme. Berechtigte Ansprüche werden im Rahmen der üblichen Vereinbarungen abgegolten.

Impressum

Originalausgabe, 1. Auflage

book me! Medienagentur & Verlag
Inhaber: Volker Oppmann
Reichenberger Str. 107
D–10999 Berlin

www.book-packaging.de

Umschlag: Alexander Rübsam
Gestaltung: Volker Oppmann
Redaktion: Volker Oppmann
Lektorat: Marcel Diel

Druck: CS-Druck | Berlin
Bindung: Stürtz | Würzburg

ISBN 978-3-940029-04-1

Buch in original »Vampirella«:
ISBN 978-3-940029-05-8

Deutsche Nationalbibliothek –
CIP-Einzeltitelaufnahme.

Ein Titeldatensatz für diese Publikation ist bei der Deutschen Nationalbibliothek unter http://dnb.d-nb.de erhältlich.

Die ultimative Website zum Buch:

www.natural-born-grillers.de

Sponsoren

Ein ganz besonders herzliches Dankeschön gebührt der Privat-Brauerei Strate, die die Aktivitäten der Natural Born Grillers seit Jahren großzügig unterstützt und auch die Entstehung dieses Buches mit möglich gemacht hat!

Die Privat-Brauerei Strate freut sich jederzeit über Besuch, sei es live vor Ort oder aber im Internet unter: www.brauerei-strate.de

Grillen
ist
Leben